AF242657

L'INDIGNATION

MARS 1871

L'INDIGNATION

PAR

F. R***

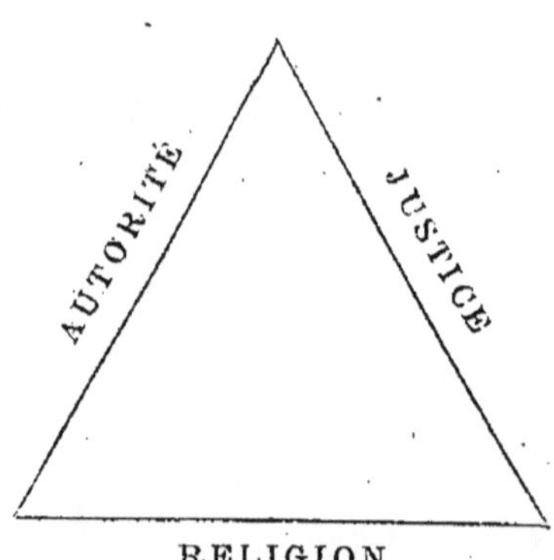

PARIS

DEPOT CHEZ SAILLANT, ÉDITEUR

5 ET 10 RUE DU CROISSANT

Et chez tous les Libraires

1871

AUX LECTEURS

L'auteur de cet écrit, bien avant que la guerre actuelle ne fût entreprise, comprenait que la France était comme un colosse aux pieds d'argile et que le premier choc violent pourrait la jeter dans une perturbation effroyable.

L'événement n'a que trop confirmé ses appréhensions et confirmé dans son esprit l'idée qu'il s'était faite sur les causes de cette désorganisation du pays.

Il est intimement persuadé que nos malheurs présents, que nos révolutions fréquentes proviennent en réalité du développement illogique des idées émises par les écrivains du xviiie siècle.

Pour s'en convaincre, il faudrait étudier au moins l'ouvrage le plus sérieux de cette époque ; l'*Esprit des lois*, par Montesquieu. Nous affirmerons notre opinion, en citant les deux passages suivants :

« Ce fut un assez beau spectacle dans le siècle
« passé de voir les efforts impuissants des Anglais
« pour établir parmi eux la démocratie. Comme
« ceux qui avaient part aux affaires n'avaient point

« de vertu, que leur ambition était irritée par le
« succès de celui qui avait le plus osé (Cromwell),
« que l'esprit d'une faction n'était réprimé que par
« l'esprit d'une autre ; le gouvernement changeait
« sans cesse : le peuple étonné cherchait la démo-
« cratie, et ne la trouvait nulle part. Enfin, après
« bien des mouvements, des chocs et des secousses,
« il fallut se reposer dans le gouvernement même
« qu'on avait proscrit.

« Quand Sylla voulut rendre à Rome la liberté,
« elle ne put plus la recevoir ; elle n'avait plus
« qu'un faible reste de vertu : et comme elle en eut
« toujours moins, au lieu de se réveiller après César,
« Tibère, Caïus, Claude, Néron, Domitien, elle fut
« toujours plus esclave ; *tous les coups portèrent sur*
« *les tyrans, aucun sur la tyrannie.*

« Les politiques grecs, qui vivaient dans le gou-
« vernement populaire, ne reconnaissaient d'autre
« force qui pût le soutenir, que celle de la vertu.
« Ceux d'aujourd'hui ne nous parlent que de manu-
« factures, de commerce, de finance, de richesses
« et de luxe même.

« Lorsque cette vertu cesse, l'ambition entre dans
« les cœurs qui peuvent la recevoir et l'avarice
« entre dans tous. Les désirs changent d'objet ; ce
« qu'on aimait, on ne l'aime plus ; on était libre
« avec les lois, on veut être libre contre elles. Chaque
« citoyen est comme un esclave échappé de la
« maison de son maître. Ce qui était *maxime*, on
« l'appelle *rigueur* ; ce qui était *règle*, on l'appelle
« *gêne* ; ce qui était *attention*, on l'appelle *crainte*.
« C'est la frugalité qui est l'avarice, et non pas le
« désir d'avoir. Autrefois, le bien des particuliers
« faisait le trésor public ; mais pour lors, le *trésor*

« *public* devient le *patrimoine* des *particuliers*. La
« république est une dépouille ; et sa force n'est plus
« que le pouvoir de quelques citoyens, et la licence
« de tous... » (1).

« Le principe de la démocratie se corrompt,
« non-seulement lorsqu'on perd l'esprit d'égalité,
« mais encore quand on prend l'esprit d'égalité ex-
« trême, et que chacun veut être égal à ceux qu'il
« choisit pour lui commander. Pour lors, le peuple,
« ne pouvant souffrir le pouvoir même qu'il confie,
« veut tout faire par lui-même, délibérer pour le
« sénat, exécuter pour les magistrats et dépouiller
« tous les juges.
« Il ne peut plus y avoir de vertu dans la répu-
« blique. Le peuple veut faire les fonctions des ma-
« gistrats : on ne les respecte donc plus. Les déli-
« bérations du sénat n'ont plus de poids : on n'a
« donc plus d'égards pour les sénateurs, et par con-
« séquent pour les vieillards. Que si l'on n'a pas de
« respect pour les vieillards, on n'en aura pas non
« plus pour les pères ; les maris ne méritent pas
« plus de déférence, ni les maîtres plus de soumis-
« sion. Tout le monde parviendra à aimer ce liber-
« tinage ; la gêne de commander fatiguera, comme
« celle de l'obéissance. Les femmes, les enfants, les
« esclaves, n'auront de soumission pour personne.
« Il n'y aura plus de mœurs, plus d'amour de l'ordre,
« enfin plus de vertu. » (2).

Ces tableaux tracés par un homme qui vivait dans
un siècle bien différent du nôtre, ne semblent-ils

(1) L. III. ch. III, Du principe de la démocratie.
(2) L. III, ch. II. Corruption du principe de la démocratie.

pas la reproduction à peu près exacte de ce que nous voyons actuellement en France?

Inutile de dire qu'un pareil état de choses n'est en aucune façon prôné par cet écrivain supérieur, ce penseur savant que nos politiques de carrefour inscrivent gratuitement au nombre de leurs devanciers.

Dans les articles qui vont suivre, l'auteur s'attache à montrer l'origine des principes qui régissent maintenant l'opinion publique, il en expose les développements logiques au travers de l'histoire de notre pays et en fait découler les événements présents ainsi que la situation morale des esprits. Heureux s'il a pu montrer au peuple les rapports intimes qui unissent les principes aux faits, s'il peut lui faire comprendre la nécessité absolue de modifier profondément ses préjugés et de conformer ses actes non plus à des incitations égarées, mais à une raison plus sûre et plus autorisée.

Heureux surtout si sa parole peut alléger le poids écrasant qui incombe aux hommes chargés du soin des destinées de la France; si elle peut leur inspirer la volonté de rechercher le mal jusque dans ses racines les plus profondes et la confiance en celui qui peut seul leur donner l'énergie et la sagesse nécessaires à l'accomplissement d'un devoir aussi difficile et aussi grand que la régénération d'un peuple aveuglé.

L'INDIGNATION

La phase actuelle de notre existence politique est de celles qui doivent nous apporter ainsi qu'à tous les peuples de grands et profonds enseignements.

Au travers de l'écroulement qui gronde autour de nous entraînant chaque jour une nouvelle pierre de notre édifice social, sachons comme le juste regarder nos désastres d'un œil ferme, sachons nous efforcer de débrouiller ce chaos et d'en pénétrer les causes, afin qu'en rétablissant l'édifice, nous puissions le mettre à l'abri d'aussi formidables atteintes.

Le coup nous vient du dehors, mais la rapidité de la chute atteste de profondes lésions intérieures, d'altérations invétérées qui ont attaqué lentement les éléments du pays, les ont disjoints et préparés à une rupture subite.

Quelles sont les bases qui, depuis le commencement du monde, ont présidé à l'édification de toute société organisée, qui ont pu maintenir entre elles un équilibre durable et fonder de grandes puissances?

Quels étaient les éléments principaux du pays : la religion, la justice, le pouvoir ou autorité. Ces trois institutions depuis plus de dix siècles ont fait grandir la France, elles l'ont soutenue dans des circonstances non moins critiques, l'ont relevée et enfin élevée au rang d'une des puissances les plus civilisées du monde; que sont-elles devenues aujourd'hui? D'où vient leur faiblesse, leur effacement? Un mal sérieux, incurable peut-être, a donc pu miner des corps si puissants et qui ont déjà donné tant de preuves de vigueur.

A ces institutions défaillantes quels sont les éléments nouveaux que nos législateurs ont substitués? Un seul : le peuple, la foule que l'histoire vous montre dans tous les temps et tous les pays comme une masse aveugle, le peuple qui croit ici pouvoir seul hériter d'un fardeau que trois principes solidement constitués ont eu tant de peine à supporter réunis!

A-t-il cette unité compacte et organisée qui seule fait la force?

Quelle est l'autre puissance, équivalente à lui, qui lui servira de contre-poids et l'empêchera de tomber dans les abus et les erreurs inévitables à la nature humaine?

Dans le cas où elle existerait, quel serait le troisième élément dont le rôle est de rattacher ensemble les deux autres et de les empêcher de se séparer en des conflits sans cesse renaissants?

Ces trois puissances, cette trinité qu'on retrouve partout est un être organisé qui vit et agit dans sa stabilité. On peut la représenter d'une manière sensible par cette figure dite symbolique du triangle :

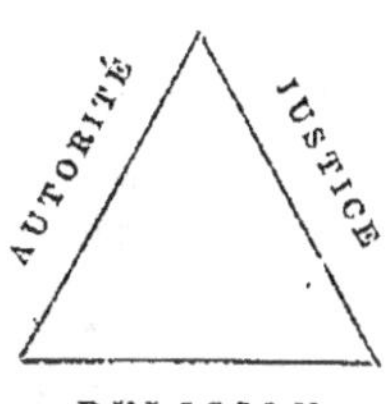

dans laquelle on voit les deux branches de la justice et de l'autorité s'opposant par leur sommet à la chute l'une de l'autre et reposant par leur base sur la religion.

Pour un État composé d'un seul élément, son image serait, dans cet ordre d'idées, une simple ligne qui figure un corps inerte

---

sans ressort et sans autre mouvement que celui imprimé par un effort extérieur.

Cet effort extérieur est exercé de nos jours en plus grande partie par la *presse* accompagnée des *orateurs populaires*, nous allons examiner leur action.

LA PRESSE

La presse, reconnaissons-le, ne s'abuse pas sur l'importance du rôle qu'elle joue parmi nous; elle aspire à devenir une puissance et elle le dit elle-même. Elle se propose pour objet de façonner nos convictions, nos opinions, et notre éducation aussi n'échappe pas aux transformations qu'elle opère; sa puissance est réelle et personne ne s'y soustrait complétement malgré l'empire que les gens les plus intelligents et les plus instruits croient exercer d'eux-mêmes sur leurs idées et sur leurs impressions.

Reste à examiner si, puisqu'elle aspire à jouer un rôle aussi difficile et aussi magnifique que celui de la direction d'un peuple, si, dis-je, elle possède les qualités qui peuvent lui attirer notre confiance, si ses actes passés sont empreints de cette logique, de cette raison, de cette vertu qui peuvent nous faire espérer une suite noble et digne de nos ancêtres.

Il doit nous être permis de porter un jugement sur une institution qui, de sa propre autorité, joue un rôle si grand dans les destinées de notre pays, jugement que nous appuierons d'ailleurs sur les faits de l'histoire.

Nous considérerons seulement l'aspect d'ensemble de façon à donner une appréciation moyenne, et nous constatons ici que des exceptions honorables ne doivent pas se trouver comprises dans les erreurs que nous signalons en général.

Avant d'étudier la presse en elle-même, examinons de quelle façon son action se produit sur le public.

Le public qui lit peut être rangé en trois classes principales :

La première comprend les personnes qui ont leurs opinions arrêtées et qui lisent par intérêt ou par curiosité ; elle est fort peu nombreuse.

La deuxième est composée de ceux qui croient avoir leurs opinions faites ou les ont à moitié ; les uns lisent le même journal ou le même auteur, et le changent quand il leur paraît s'écarter de leur propre manière de voir ; les autres lisent la première chose venue.

Ces lecteurs, instruits pour la plupart, absorbent à petite dose les esprits subtils de la presse. Grand nombre de journaux sont pour eux un objet de superflu, de curiosité vaine, souvent de dégoût, et pourtant ils les achètent toujours.

La troisième classe, composée des gens les moins instruits, est de beaucoup plus nombreuse que les deux autres. Ces gens qui ont généralement le cœur droit, le bon sens développé, ne vont guère fouiller dans les écrits pour y trouver autre chose que ce qu'ils y voient. Un journal pour eux est aussi sacré que l'Évangile, ce qu'il dit *est, c'est imprimé.*

Ce sentiment naïf et juste est respectable au premier chef ; à lui seul il suffirait pour marquer à la presse sa ligne de conduite : il lui commande la droiture, l'honnêteté, si elle s'en est écartée, malheur à elle ! Tout ce qu'elle a fait est mal et faux !

La première marque de l'honnêteté dans un écrit, c'est la vérité, la vérité entière et seule. La vérité est la base de toute confiance ; sans elle, pas d'exactitude dans le récit des faits ; de là, erreur dans l'appréciation des faits, erreur dans tous les faits ou appréciations qui s'y rattachent.

Quand on n'est pas sûr d'un fait, c'est encore de la vérité d'exposer franchement un doute.

Songe-t-on bien à l'importance de ce premier point ? Il est tout dans la question.

La presse dit-elle la vérité, rien que la vérité ?..... Je crois qu'il n'est pas en France un seul citoyen, pas même de journaliste le plus acharné qui dirait : « Oui, depuis que la presse existe, elle a dit la vérité. »

Dans les rapports des moindres faits de la vie ordinaire, avez-vous bien souvent rencontré un récit exact? dans n'importe quel ordre d'idées? Presque jamais.

Pendant cette guerre désastreuse dont les faits sont là présents sous nos yeux, la presse nous a-t-elle dit la vérité?

Non! mille fois non!!!

A-t-elle réfléchi que toutes ces nouvelles fausses, que son incapacité ou l'aveuglement de sa bonne intention lui faisaient adopter étourdiment, que toutes les réflexions, excitations qui s'ensuivaient, avaient des conséquences d'une importance extrême : que le sort du pays en dépendait, que des milliers de familles étaient pendues pleines d'angoisses et d'espérances après ce journal maudit? A-t-elle eu conscience qu'elle encourait quelque responsabilité? Allons donc! le journal était plus émouvant et se vendait mieux.

Rien que pour le mal que les journaux ont fait en cette circonstance, leur cause serait jugée, et leur condamnation prononcée par chaque citoyen d'une république qui mériterait ce nom : chacun s'empresserait de s'interdire rigoureusement à soi-même une lecture aussi vide que trompeuse.

Je suis persuadé qu'il n'en sera rien ici.

Ce n'est pas d'aujourd'hui seulement que la presse foule aux pieds ce principe sacré de la vérité, elle a recueilli déjà plus d'un fruit du mensonge et de l'erreur que son art lui permet de faire passer comme vérité chez les uns, et de laisser accueillir avec indifférence et même complaisance par les autres.

Calomniez, calomniez, il en restera toujours quelque chose. Abaissez tout autour de vous, vous paraîtrez grandir. Voilà ses principes depuis la proclamation de la liberté de la pensée. Et on l'a laissé faire avec la quiétude, la nonchalance d'un aveuglement sans pareil (ceux qui connaissent le danger, qui le voient et y laissent courir les autres, ces indifférents sont aussi coupables que ceux qui le créent); bien plus, on applaudissait à ses gentils coups de patte.

Le tigre a grandi, et il t'étrangle, ô ma patrie!

Sous toutes les formes, la presse travaille à atteindre

le but que son ambition et sa fatuité lui ont marqué. Romans, pamphlets, discours, poëmes, théâtre, élégies, journalisme, affiches, tout est de son domaine; la machine s'est si bien montée d'elle-même que les trois quarts des auteurs roulent dans leur cercle, comme ces écureuils à qui on a crevé les yeux, et croient sincèrement jouer un rôle bienfaisant, parce qu'ils ne voient pas le mal qu'ils font. En sont-ils plus excusables?

Si la généralité des gens réfléchissait plus qu'elle ne fait, si elle prenait la peine d'entrer dans le fond des questions au lieu de se contenter d'en effleurer une surface altérée sur le journal, si elle connaissait un peu mieux l'histoire du monde et de notre pays en particulier, on verrait tout autre chose que ce qu'on voit maintenant, et si, par supposition, ces connaissances plus sérieuses se faisaient comme par enchantement dans l'esprit du peuple, aucun de nous ne pourrait croire qu'il s'est ainsi laissé abuser, et amener à un état d'esprit tel qu'il en serait honteux; et pourtant, remarquons-le bien, la presse nous appelle toujours le peuple le plus intelligent et le plus éclairé de la terre. Elle a trop d'intérêt à confirmer son autorité, son despotisme; courtisan sans pudeur, elle sait rendre ses services agréables au souverain, le peuple, qu'elle flatte et gonfle de ses éloges avec moins de finesse et de discernement que les adulateurs si décriés du grand Louis XIV. Le peuple, bon prince et qui ne regarde pas au delà a le tort d'écouter, oubliant que tout flatteur vit aux dépens de celui qui l'écoute.

Sous le déluge de feuilles dont la presse vous noie, vous n'avez qu'à choisir; il y en a pour tous les goûts, de toutes les couleurs; vous y trouverez toutes les idées, toutes les opinions qui vous font plaisir. Ne cherchez pas le bon sens, on n'est plus aussi naïf que cela; ne vous donnez pas la peine de réfléchir, c'est inutile, vous perdriez du temps, et puis ce n'est pas votre métier.

Mais aujourd'hui après tous nos malheurs nous voulons savoir quelle part de responsabilité incombe à cet être fugitif qu'on nomme la presse. Que sciemment ou non elle ait menti, elle est toujours coupable.

Nous voulons savoir la vérité.

Dernièrement elle s'est empressée de crier avec des déclamateurs : « Tous nos malheurs nous viennent de l'empire, c'est lui le coupable! » Et le public docile de dire comme la presse. Examinons :

La cause première de l'insuccès de nos armes, c'est l'indiscipline militaire ;

La cause première de nos désordres intérieurs, c'est l'indiscipline sociale ;

Et la cause première de notre décadence morale, c'est l'indiscipline de la famille.

On pourrait objecter que l'indiscipline n'est pas seule dans ce résultat, et que l'incapacité ou l'indignité des chefs ou gens chargés d'imposer le respect, y sont au moins pour la moitié. Cela est possible, mais c'est tout la même chose ; l'abus de l'esprit de discussion du même coup engendre l'indiscipline et tue la responsabilité ; d'ailleurs on verra plus loin que si les chefs ont été corrompus d'autre part, la presse n'y est pas davantage étrangère.

Eh bien, cette indiscipline dont nous voyons les beaux effets, est presque en totalité le fruit de cent ans de travaux de la presse! Vous n'y croyez pas. Ouvrez l'histoire, ne vous arrêtez pas aux faits qui vous ont seuls éblouis, suivez la presse, sous ses diverses formes, voyez ses principes, son influence sur les événements et ses développements logiques et réels. On peut suivre bien aisément sa marche.

Les écrivains brillants du XVIIIᵉ siècle, dont tout le monde connaît moins les écrits que les noms, sont les pères de la presse moderne. Quelques-uns avancèrent ces principes, depuis dits immortels, on ne sait en vertu de quoi !

Le monde trouva leurs écrits spirituels, on admira leur audace ; les gens sérieux pensèrent que cette mode passerait et laissèrent dire. Personne ne contredisant, la cour ayant l'air d'applaudir, ces idées marchèrent vite dans le peuple à qui on forgeait une félicité.

Il ne manquait plus que des mécontents et des ambitieux pour allumer un incendie qui couvait partout. Les écrivains avaient su par leurs écrits falsifiés rejeter sur les institutions les faits qui devaient retomber seu-

lement sur les hommes (leur méthode a réussi et depuis
ne cesse de prospérer); ils avaient saisi les questions
par le côté le plus étroit, celui qu'on embrasse donc
plus aisément, et laissant de côté les services rendus et
la perfection du mécanisme, ils n'ont mis que les abus,
les vices des hommes, sous les yeux du public. Celui-
ci qui, pour beaucoup de raisons, n'est pas capable de
juger, mais toujours flatté de faire acte d'autorité,
juge quand même et tranche; il juge dans ce cas comme
un jardinier qui aurait dans son verger un arbre don-
nant journellement du fruit de bonne qualité, et qui
l'arracherait parce qu'un jour il aurait trouvé un fruit
gâté, ou qu'il aurait trouvé sur l'arbre voisin un seul
fruit meilleur.

Ainsi, la royauté avec la noblesse ou l'autorité, le
clergé ou la religion furent minés en même temps et la
justice fut très entamée. Le jour où l'incendie éclata,
le coup fatal était porté sur ces grands soutiens de
l'État. Pouvait-on respecter désormais des institutions
dont on avait renversé et traîné dans la boue les re-
présentants : la populace pouvait traiter d'égal à égal
avec eux.

L'effet de cette audace surprit la foule qui s'enivra de
son féroce triomphe jusqu'au moment où elle vit qu'elle
marchait au hasard. Ces idées nouvelles, en boulever-
sant les têtes, n'avaient pas encore fait perdre les ha-
bitudes; l'éducation d'autrefois conservait sa puissance,
elle permit aux généraux de la République d'exercer
leur autorité sur les armées et de repousser l'ennemi
loin de nos frontières.

L'empire qui vint chercha à organiser la société d'a-
près les idées nouvelles, le code fut modifié en consé-
quence, et le principe de l'autorité reçut le dernier coup
dans la personne du père de famille. Depuis ce temps,
la famille se façonne de plus en plus à l'indépendance,
et bientôt, à force d'indépendance, nous verrons les
pères esclaves de leurs enfants à moins d'être des
étrangers pour eux ou bien des débiteurs.

Mais on conserve toute sa vie les principes de l'éducation première, et l'esprit d'indépendance et d'indiscipline on le porte de la famille, dans les colléges, dans

les ateliers, à l'armée, dans l'État, partout enfin, et il se trouve que, arrivé à une certaine génération, quand un pays croit pouvoir compter sur une armée, il n'a plus qu'un ramassis d'hommes sans cohésion et sans force : ce n'est plus qu'un amas de sable, dont chaque grain se disperse au caprice du vent quand on veut le soulever.

Le premier grand coup contre l'autorité fut porté en 1789; mais depuis, suivez l'histoire de nos gouvernements, souverains ou républiques, ils ont tous, surtout les derniers, été renversés brusquement sous un prétexte futile, spécieux ou personnel, mais toujours à la suite d'une longue campagne faite par la presse, pamphlets, etc. Le motif n'était rien, mais la presse déployait en toute circonstance une animosité qui, en excitant les esprits, satisfaisait son ambition et grossissait sa bourse.

Ces changements incessants sont très favorables aux tripotages, et messieurs les journalistes directement ou indirectement, n'y sont jamais étrangers. La presse entre les mains des hommes politiques est comme un jeu de ficelles avec lesquelles ils font mouvoir les marionnettes.

A l'esprit d'indépendance si brillamment développé il fallait trouver de la pâture, la presse s'est chargée de ce soin et, toujours en suivant l'histoire, vous verrez qu'elle a déduit les conséquences qu'il fallait aux principes. Elle sut occuper le cœur ou plutôt l'imagination par les romans; le sens appelé intelligence par la philosophie dite moderne et développa la volonté dans le sens d'un désir de paresse qui va toujours croissant.

Le roman est une des formes les plus puissantes sous lesquelles se manifeste la presse, c'est celle qui utilise le mieux la force motrice, dirait la mécanique. En vous mettant en rapport avec des individus dont on vous montre toutes les perfections ou toutes les faiblesses, on vous fait trouver avec eux mille points communs, vous vous intéressez comme si vous-même étiez en jeu, et vous êtes insensiblement emmené, entraîné, emporté avec vos héros sans y prendre garde,

Du roman, Ésope aurait dit comme de la langue, la

meilleure et la pire des choses. Si la presse n'en a pas fait la meilleure des choses, elle en a fait une bien brillante, pourvu que ce ne soit pas la pire.

Les premiers romans qui n'avaient pour types que les poëmes anciens, quelques fabliaux, la tragédie et la comédie furent nobles et élevés ; puis le désir du succès joint à l'indépendance de la pensée poussa les écrivains plus nombreux, dans une voie plus fantaisiste ; la foule s'éprit d'abord de la nouveauté, puis de fantaisie en fantaisie on en vint aux tableaux brillants, aux excentricités de l'existence : là où les types réels manquèrent, on ne s'arrêta pas, on inventa le merveilleux. Et la foule suivait toujours la marche entraînante, façonnant ses goûts et ses mœurs sur celles des héros ; le luxe grandit, le dérèglement de la conduite s'accusa de plus en plus, le respect de la famille étant d'autre part fort négligé, on marcha sans entraves dans cette voie facile. On ne compta plus, les héros de roman comptent-ils ? Les riches dépensèrent en folies vaines et oisives des fortunes considérables ; les banqueroutes, rares et flétries autrefois, sont devenues aujourd'hui presque une branche du commerce. Les intrigues les plus bizarres vinrent jusqu'à faire l'apologie du crime. Et voilà où nous en sommes maintenant avec le roman. Qu'on juge s'il a bien mérité de la patrie.

Mais là ne se bornent malheureusement pas ses effets, il en a de plus fâcheux encore. Le spectacle de l'indolence des riches, de leur corruption et de leur insolence doublé de l'abus d'esprit d'égalité, fille de l'indépendance, ont mécontenté tous les gens de cœur qui travaillent et excitent constamment les convoitises du plus grand nombre. Cette différence qui existe de tout temps entre le riche et le pauvre, la presse, au lieu d'en faire ressortir une émulation féconde, l'a convertie en antagonisme, nous l'avons vu par le fait du roman, on le voit encore par l'œuvre de la philosophie moderne.

Ces doctrines qui sortent toutes de ces mêmes principes, lesquels sont fort mal définis du reste, se ressentent de cette absence de base nette et précise, et à peine nées s'écartent les unes des autres, divergent, ébauchent un commencement de système par-ci, sont arrêtées par l'impossible par-là. En somme, à travers beaucoup d'efforts louables, leur principal tort est d'avoir livré au public des œuvres incomplètes, des idées indigestes et incohérentes peu faites pour ramener l'ordre et le calme dans les esprits beaucoup trop agités, dans tous les ordres d'idées, par le journalisme.

De ces théories philosophiques parties de principes incomplets, développées d'une manière imparfaite, que pouvait-il ressortir? Des tâtonnements, des essais non moins imparfaits : désaccord, confusion. Avec l'égoïsme comme base aucune concession, aucune entente n'est possible. De là, les grèves, etc. Vous croyez que, à la vue de ce résultat, la presse en masse prêcherait la modération, que les utopistes consentiraient à revoir leurs essais pour tâcher d'y découvrir l'erreur qui y est dès le principe. Point du tout, ils poursuivent s'enfonçant de plus en plus dans d'inextricables difficultés. Ils ont refusé au pape l'infaillibilité, mais ils se l'accordent largement à eux-mêmes ; et on serait malvenu de chercher à retirer l'épais bandeau qui obscurcit leurs yeux et abrite leur fatuité. S'ils ne travaillaient que pour eux, on les laisserait à leur folie; mais la presse est une arme; est-il sage d'en laisser aux mains des insensés?

Il n'est pas sans importance d'étudier le personnel de la presse. Sans entrer dans des détails de personnalités qu'on doit toujours respecter, il faut dire cependant d'une manière générale ce qui est utile à cet examen pour bien marquer l'origine des défauts de vérité, de logique que nous avons signalés dans la plupart des écrits.

Il est triste de dire que, à l'époque où nous vivons, les neuf dixièmes au moins des gens qui composent la presse, n'ont guère de souci de la vérité : les uns parlent pour leur ambition personnelle, les autres pour l'ambition ou l'intérêt des autres; presque tous pour gagner leur vie, ce dont on ne songe pas à leur faire un reproche; mais puisque la France dépense chaque année environ dix millions de francs seulement en achat de feuilles imprimées, elle a le droit de demander autre chose que des faussetés et des légèretés pernicieuses. Presque tous sont inférieurs à leur tâche, et de beaucoup ; ils sont appelés à parler de tout, ne savent rien et ne recherchent pas les moyens de s'instruire. Le milieu dans lequel ils vivent est peu propre à étendre leurs lumières, à développer chez eux de bons sentiments. Les commerces honteux de réclames, etc., auxquels presque tous sont obligés de se livrer pour subvenir aux frais d'une existence de convention dont ils sont un peu les inventeurs, ne les enrichissent pas d'un fonds d'honnêteté qui doive se refléter dans leurs écrits Et, c'est dans nn article fait de chic, à la suite d'une orgie chez Brébant ou dans un caboulot quelconque, que, demain, l'honnête citoyen puisera la subsistance quotidienne de ses opinions en matière politique ou sociale.

Nous n'ajouterons plus qu'un argument à ceux qui pèsent si lourdement sur la presse. Pendant les années déjà nombreuses de son existence, sous les formes diverses qu'elle a revêtues, poursuivait-elle un but autre que de détruire tout ce qui était à côté d'elle ? Calculait-elle la portée de ses coups et prévoyait-elle un résultat final satisfaisant pour le pays ? Du moment qu'on se propose de diriger l'opinion publique, puisqu'on le déclare ouvertement, on doit savoir où on la mène : c'est la moindre preuve d'intelligence et la moindre garantie que nous puissions lui demander. Il y va de la France. Est-il quelqu'un d'assez clairvoyant pour s'en rendre compte ? Que - voyons-nous présentement autour de nous ? Un chaos monstrueux !..... Nous voyons la presse elle-même redemander cette discipline qu'elle a détruite, elle n'a même pas conscience de ses actes, de sa criminelle inconséquence !

LES ORATEURS POPULAIRES

L'orateur a cela de plus que l'écrivain, c'est qu'il provoque des actes de la part de son auditoire, sa puissance s'exerce donc plus activement et elle se combine avec l'action incessante de la presse pour en faire éclater les effets dans la foule. Reconnaissons-le et remercions, comme ils le méritent, messieurs les orateurs, de ce qu'ils ont fait conjointement avec la presse pour le bonheur de notre pays, et pour leur élévation personnelle.

Néanmoins, pour être justes, remarquons ce fait que la presse s'est donné beaucoup de mal et qu'elle n'est pas aussi bien récompensée par la faveur populaire ; un écrivain connu s'en plaignait dernièrement, deux autres mécontents minaient ouvertement la vie privée d'un orateur placé dans une haute position. La presse voudrait-elle insinuer qu'elle a joué le rôle de Raton au profit de Bertrand l'orateur ?

Tout beau ! messieurs, c'est nous qui fournissons les marrons et le feu, nous voudrions bien les donner à qui nous ramènerait dans un chemin plus propre que celui dans lequel vous nous traînez depuis si longtemps.

AU PEUPLE

Reconnais enfin dans quel gouffre t'ont précipité ces énergumènes verbeux, qui n'ont d'autre titre à ta confiance que leur aveuglement et leur ambition. Ils te parlent de ta force, qu'a-t-elle pu contre la discipline? N'as-tu pas eu un dictateur de ton choix? Qu'a-t-il fait avec tes masses confuses? Ils te parlent de ton droit; mais quel droit peut exister sans la loi? Le droit est pour tous, respecte la loi si tu veux toi-même être respecté.

Tu ajouterais foi aux déclamations de ces fous furieux, aux théories de ces prétentieux incapables; qu'ont-ils donc fait pour toi? Ont-ils rendu ta vie plus tranquille, plus sage, plus heureuse? Ont-ils pris part à ces grands travaux de l'intelligence qui nous ont enrichi de découvertes utiles, la gloire de l'humanité? Ont-ils rendu ton cœur meilleur et ton esprit plus sensé? Qu'ont-ils fait?

Pourquoi n'examines-tu pas avec le même scrupule jaloux les actes de ces chefs qui viennent, on ne sait d'où, s'imposer à toi? Pourquoi leur obéis-tu plus aveuglément que le dernier des esclaves, alors que tu es si disposé à exiger des comptes sévères de la part des chefs que tu t'es donné toi-même, alors que tu es si prompt à les accuser?

A LA PRESSE ET AUX ORATEURS

Parce que vous n'avez aucun mandat, parce que vous êtes une masse sans corps et insaisissable, vous avez cru pouvoir, sans encourir de responsabilité, peser sur les destinées de la France. Si votre rôle eût été glorieux, si les actes que vous avez provoqués avaient été nobles et féconds en grands résultats pour le pays, on vous respecterait, on vous honorerait, chacun serait heureux de subir votre bienfaisante influence.

Mais tel n'a pas été votre rôle : vous n'avez travaillé que pour vous, vous avez sacrifié le pays. Vous n'avez clabaudé contre nos gouvernants que pour prendre leur place, vous, plus incapables qu'eux et peut-être pas plus honnêtes.

Vous êtes maintenant un pouvoir dans l'État ; vous êtes comme une armée, de volontaires, il est vrai, mais vous êtes une armée. Quand une armée a trahi ou failli, on la désarme et les chefs sont fusillés. Votre incapacité, votre impudence et votre ignominie ne sauraient-elles être châtiées ?

Voyez ici vos méfaits exposés enfin au grand jour. Cette honte est bien à vous, personne autre ne peut la revendiquer.

Orateurs, romanciers, philosophes et journalistes, vous avez déchaîné sur la France les vices que la civilisation européenne tout entière a repoussés de tout temps, comme contraires au principe de la fraternité, de l'humanité et de la dignité humaine : l'orgueil et la fatuité, la paresse, la luxure, l'envie, la colère, la gourmandise et l'avarice.

Vous avez ridiculisé l'honnêteté.

Vous avez tué la foi, qui seule conçoit les grandes choses.

Vous avez tué le respect, qui seul les fait exécuter.

Bien plus, le sang versé dans nos dissensions intestines, dans nos guerres fratricides, depuis 1792, jusqu'à la Ricamarie, jusqu'au 22 janvier 1871, c'est sur vos têtes qu'il retombe ! Que dis-je, et celui que vous saurez bien nous faire répandre encore !

Et vous voyez votre œuvre d'un œil stupide, vous ne la reconnaissez pas !

Pour échapper à cet horrible cauchemar, vous criez à la trahison ! Qui est-ce qui nous a trahis !... Qui est-ce qui nous a abaissés !...

Est-ce assez d'infamie !!!.....

Qui pourra réparer ces désastres !

Qui dira combien de temps encore nous avons à gémir !

O Dieu ! si ta sagesse permet que les vrais coupables échappent aux châtiments de la justice humaine, quel supplice assez affreux dans l'autre monde pourra leur faire expier tant d'horreurs !!!

Paris, 20 février 1871.

(Propriété de l'auteur.)

Imp. nouvelle, rue des Jenneurs, 14. — G. Masquin et Cᵉ